ALEXIS VOFFO DONGMO

INTEGRATION DES VALEURS CHRETIENNES DANS L'EDUCATION LAIQUE

ALEXIS VOFFO DONGMO

INTEGRATION DES VALEURS CHRETIENNES DANS L'EDUCATION LAIQUE

DEFIS ET PERSPECTIVES

Éditions Croix du Salut

Imprint
Any brand names and product names mentioned in this book are subject to trademark, brand or patent protection and are trademarks or registered trademarks of their respective holders. The use of brand names, product names, common names, trade names, product descriptions etc. even without a particular marking in this work is in no way to be construed to mean that such names may be regarded as unrestricted in respect of trademark and brand protection legislation and could thus be used by anyone.

Cover image: www.ingimage.com

Publisher:
Éditions Croix du Salut
is a trademark of
Dodo Books Indian Ocean Ltd. and OmniScriptum S.R.L publishing group

120 High Road, East Finchley, London, N2 9ED, United Kingdom
Str. Armeneasca 28/1, office 1, Chisinau MD-2012, Republic of Moldova, Europe
Managing Directors: Ieva Konstantinova, Victoria Ursu
info@omniscriptum.com

Printed at: see last page
ISBN: 978-620-6-17132-4

Table des matières

PRÉFACE

L'éducation ne se limite pas à l'acquisition de connaissances ; elle est un puissant levier de transformation humaine et sociale. Elle façonne les esprits, cultive les cœurs et forge les consciences. Dans un monde où les repères moraux s'effacent progressivement, où la violence scolaire et la perte des valeurs deviennent des réalités préoccupantes, une question essentielle se pose : comment réintégrer une éducation fondée sur des principes éthiques solides sans heurter les sensibilités et le cadre laïc de nos écoles ?

Ce guide est né de cette réflexion. En tant qu'éducateur, témoin des défis grandissants auxquels sont confrontés les enseignants et les élèves, j'ai ressenti la nécessité d'apporter une contribution concrète pour réconcilier éducation et foi chrétienne. Il ne s'agit pas d'un appel au prosélytisme ni d'une tentative d'opposition au principe de laïcité, mais plutôt d'une démarche visant à démontrer que les valeurs chrétiennes – amour, respect, justice, honnêteté, service – sont universelles et bénéfiques à toute société, quelles que soient ses convictions religieuses.

Ce guide s'adresse à tous les acteurs du monde éducatif : enseignants, responsables d'établissements, parents, éducateurs et toute personne soucieuse de l'avenir des jeunes générations. Il propose une approche pragmatique, enrichie d'exemples concrets, de stratégies pédagogiques et d'outils pratiques pour intégrer ces valeurs dans l'enseignement, sans transgresser les cadres juridiques et culturels en place.

Je tiens à exprimer ma gratitude envers ma famille, mes collègues, mentors, dont les conseils et l'engagement ont nourri ma réflexion et enrichi ce travail.

Que cet ouvrage soit une source d'inspiration et un outil utile pour bâtir une éducation qui forme des esprits éclairés et des cœurs empreints de sagesse.

Alexis VOFFO DONGMO

Introduction

L'éducation est un processus complexe et fondamental, allant bien au-delà de l'enseignement académique. Selon Paulo Freire (1970), *l'éducation n'est pas un simple transfert de connaissances, mais un processus d'émancipation et de transformation. Elle doit être au service de l'homme, de son développement intégral et de son insertion dans la société. Loin de se limiter à la transmission de savoirs, l'éducation doit aussi cultiver des valeurs et des principes qui orientent l'action humaine.* C'est dans cette optique que l'intégration des valeurs chrétiennes dans l'éducation prend toute son importance.

L'éducation chrétienne repose sur un principe fondamental : former l'esprit tout en transformant le cœur. Comme le souligne Proverbes 22:6, *« Instruis l'enfant selon la voie qu'il doit suivre, et quand il sera vieux, il ne s'en détournera pas. »* Cette perspective biblique rappelle que l'éducation est un processus qui dépasse la simple transmission de savoirs pour inclure la formation morale et spirituelle.

Nelson Mandela disait : *« L'éducation est l'arme la plus puissante pour changer le monde. »* Cependant, cette transformation doit être guidée par des valeurs morales solides, sans lesquelles l'éducation peut produire des individus dangereux, comme l'avertissait Martin Luther : *« Une éducation sans la foi chrétienne peut produire des hommes intelligents mais dépourvus de morale. »*

Dans un monde où la laïcité domine de plus en plus les systèmes éducatifs, l'éducation chrétienne semble souvent reléguée à l'arrière-plan. Cependant, il est essentiel de rappeler, comme l'affirme Jacques Maritain (1956), que *"l'éducation chrétienne n'est pas un enseignement de dogmes, mais une formation qui vise à intégrer les valeurs du Christ dans toutes les dimensions de la vie humaine"*. Les valeurs chrétiennes — l'amour, la justice, la paix et la solidarité — ne sont pas seulement des principes spirituels, mais des valeurs universelles qui contribuent à la formation de citoyens responsables et éthiques. Elles sont à la base de nombreux systèmes éducatifs, et leur rôle dans l'éducation laïque ne doit pas être sous-estimé.

Il est important de noter que l'intégration de ces valeurs dans l'éducation laïque ne vise pas à imposer une doctrine religieuse, mais à enrichir les pratiques pédagogiques et les relations sociales à l' école. L'éducation chrétienne, selon André Comte-Sponville (2006), "*se distingue par la capacité à aborder le sens de la vie, le respect de l'autre et le chemin de l'épanouissement personnel et collectif"*, des éléments qui sont essentiels pour créer des environnements éducatifs bienveillants et respectueux de la dignité humaine.

Au Cameroun, et dans de nombreux autres pays, les écoles sont devenues des lieux où la violence, la perte de repères moraux et l'indifférence spirituelle prennent de l'ampleur. Ces problèmes soulignent la nécessité d'une éducation qui réconcilie savoirs académiques et valeurs éthiques.

Les défis incluent :

- La montée de la violence et du harcèlement scolaire.
- La méfiance envers les valeurs religieuses dans les écoles laïques.
- La résistance au changement de la part de certains acteurs éducatifs.

Comme l'écrit l'Apôtre Paul dans Romains 12:2 : *« Ne vous conformez pas au siècle présent, mais soyez transformés par le renouvellement de votre intelligence. »* Cette exhortation appelle à repenser l'éducation pour qu'elle devienne un outil de transformation morale et spirituelle.

Ce guide est structuré pour accompagner les enseignants, parents et responsables éducatifs dans l'intégration des valeurs chrétiennes dans leurs pratiques pédagogiques. Il s'agit de démontrer que la foi chrétienne, loin d'être incompatible avec un enseignement laïque, peut au contraire enrichir l'éducation en y apportant des valeurs fondamentales de paix, de respect et de fraternité. Chaque chapitre aborde un aspect clé de cette mission.

Objectifs de ce guide :

Éclairer : Offrir une compréhension claire des bases chrétiennes de l'éducation et de leur pertinence aujourd'hui.

Former : Apprendre à intégrer les valeurs chrétiennes dans diverses pratiques pédagogiques.

Inspirer : Motiver les éducateurs à être des modèles de foi et d’éthique chrétienne dans leur quotidien.

Agir : Proposer des actions concrètes et des outils pour réussir cette intégration.

Nous espérons que ce guide servira de ressource pratique et d'inspiration pour tous ceux qui souhaitent voir la foi chrétienne jouer un rôle central dans la formation de la jeunesse, que ce soit dans des écoles laïques ou confessionnelles.

Chapitre 1 : Les fondements de l'éducation chrétienne

1.1. Vision biblique de l'éducation

L'éducation chrétienne trouve ses racines dans les Écritures saintes. La Bible considère l'éducation comme un moyen de guider l'individu vers la sagesse, la compréhension et la crainte de Dieu. Selon le livre des Proverbes, *« instruis l'enfant selon la voie qu'il doit suivre, et quand il sera vieux, il ne s'en détournera pas » (Proverbes 22:6).* Ce verset souligne que l'éducation ne se limite pas à l'acquisition de connaissances intellectuelles, mais vise à former un caractère qui respectera les principes divins.

Le rôle de l'éducateur chrétien est ainsi de guider les élèves non seulement vers un savoir académique, mais aussi vers une vie juste et spirituellement épanouie. L'éducation chrétienne met l'accent sur l'importance de former des individus capables de vivre selon des principes moraux fondés sur l'amour de Dieu et du prochain, en s'appuyant sur des valeurs comme l'intégrité, la compassion et la justice.

L'éducation chrétienne, loin de se réduire à l'enseignement de dogmes, s'efforce de former des esprits et des cœurs dans la sagesse divine. Jean-Jacques Rousseau *(1762), dans Émile ou De l'éducation,* insiste sur le fait que l'éducation doit être en harmonie avec la nature de l'enfant. Pour l'éducation chrétienne, cette « nature » est perçue à travers le prisme de la vision chrétienne de l'homme comme étant créé à l'image de Dieu, ce qui appelle à une approche globale du développement humain.

1.2. L'éducation chrétienne : Un modèle de formation intégrale

L'éducation chrétienne cherche à former l'homme tout entier : son corps, son esprit et son âme. Paul, dans ses lettres, nous invite à *« ne pas conformer [notre] manière de vivre à ce siècle, mais à être transformés par le renouvellement de [notre] intelligence »* (Romains 12:2). Ce renouvellement de l'intelligence est un processus qui inclut à la fois l'enseignement académique et spirituel. Les valeurs chrétiennes, telles que l'amour inconditionnel, la bienveillance et le respect de la dignité humaine, ne doivent pas être dissociées des pratiques éducatives quotidiennes.

Ainsi, l'éducation chrétienne ne se contente pas de transmettre des connaissances, mais cherche à élever l'esprit et à transformer le cœur de l'élève. Elle intègre des principes spirituels et moraux dans les matières scolaires, que ce soit dans l'enseignement des langues, des sciences ou des arts. Jean Piaget, théoricien du développement cognitif, a montré que l'éducation doit permettre aux élèves d'acquérir une pensée critique et éthique. Pour l'éducation chrétienne, cette pensée est nourrie par les valeurs chrétiennes qui visent à développer une conscience morale éclairée par la Parole de Dieu.

1.3. Différences entre éducation chrétienne et éducation laïque

Si l'éducation laïque vise principalement à transmettre un savoir académique et scientifique, l'éducation chrétienne met l'accent sur l'enseignement des valeurs spirituelles et morales, visant la formation de l'homme selon le plan divin. Cependant, cela ne signifie pas que l'éducation chrétienne est en opposition avec l'éducation laïque, mais plutôt qu'elle y ajoute une dimension morale et spirituelle qui est souvent négligée dans un cadre strictement laïque.

Les valeurs chrétiennes, telles que l'honnêteté, la générosité, la justice et la paix, sont des principes universels qui peuvent être intégrés dans l'éducation laïque sans entrer en conflit avec ses objectifs. Sully Prudhomme, dans ses écrits sur la morale, insiste sur l'idée que les valeurs humaines et éthiques, même indépendantes d'une perspective religieuse, contribuent à la formation de citoyens responsables. Ainsi, l'éducation chrétienne peut enrichir l'éducation laïque en fournissant un cadre éthique et moral qui guide les jeunes dans leurs relations sociales et leur développement personnel.

L'une des principales différences réside dans le rôle accordé à la foi. L'éducation chrétienne appelle à la reconnaissance d'un Créateur et encourage les élèves à se mettre à son service. Dans le contexte de l'éducation laïque, ce point de vue spirituel est absent, mais cela ne signifie pas que les valeurs chrétiennes ne peuvent pas y trouver leur place.

1.4. L'éducation chrétienne comme transformation sociale

L'éducation chrétienne ne se limite pas à la sphère individuelle. Martin Luther King Jr. (1963) a souligné l'importance de l'éducation pour le changement social en affirmant que *"l'éducation doit permettre aux individus de transformer le monde selon des principes de justice et d'égalité"*. Il croyait que les valeurs chrétiennes étaient essentielles pour combattre les injustices et construire une société plus fraternelle. L'éducation chrétienne, en formant des individus guidés par l'amour de Dieu et des autres, joue un rôle clé dans la transformation sociale en apportant des solutions aux problèmes sociaux tels que la pauvreté, la violence et la discrimination.

Les principes chrétiens, tels que *le service des autres et le respect de la dignité humaine,* peuvent être des leviers puissants pour combattre les défis sociaux dans les écoles. Ils offrent une base solide pour éduquer des citoyens responsables qui travaillent pour le bien-être de la société dans son ensemble.

Conclusion

L'éducation chrétienne repose sur une vision intégrale de l'être humain, cherchant à le former à la fois intellectuellement, moralement et spirituellement. Ce modèle éducatif n'est pas seulement destiné à ceux qui appartiennent à une communauté chrétienne, mais il propose des valeurs universelles qui peuvent enrichir tout système éducatif, y compris laïque. En s'appuyant sur des principes bibliques, ce chapitre a mis en évidence l'importance de l'éducation chrétienne dans la formation du caractère et l'engagement social des jeunes générations.

Chapitre 2 : Les défis de l'intégration de la Foi chrétienne dans un cadre laïc

L'intégration de la foi chrétienne dans un cadre laïc constitue un défi majeur dans le contexte actuel. Les sociétés modernes, souvent marquées par une séparation stricte entre l'Église et l'État, posent des limites juridiques et culturelles qui complexifient la transmission des valeurs chrétiennes dans les écoles. Dans ce chapitre, nous explorerons trois grands défis : la neutralité laïque, la perte de repères moraux et spirituels, ainsi que les préjugés et résistances liés à l'éducation chrétienne.

1. La neutralité laïque dans l'enseignement

1.1 Comprendre la laïcité

La laïcité, dans de nombreux pays, repose sur le principe de séparation entre l'État et la religion. Selon Jean Baubérot, historien de la laïcité, « la laïcité vise à garantir la liberté de conscience tout en évitant la domination d'une religion sur une autre ou sur l'État ». Ce principe implique que les institutions publiques, y compris les écoles, doivent rester neutres vis-à-vis des convictions religieuses.

Cependant, cette neutralité est souvent interprétée comme une exclusion de toute expression religieuse, ce qui rend difficile l'intégration des valeurs chrétiennes dans les établissements scolaires.

1.2 Limites juridiques et éthiques

L'intégration de la foi chrétienne dans un cadre laïc soulève des défis importants liés aux normes juridiques et aux considérations éthiques. Ces limites sont particulièrement sensibles dans les sociétés où la séparation entre l'État et la religion est inscrite dans les lois et les pratiques éducatives.

1.2.1. Les limites juridiques : Comprendre la neutralité laïque

Le principe de laïcité

Dans de nombreux pays, y compris la France et certaines régions du Cameroun, la laïcité garantit la neutralité religieuse des institutions publiques, y compris les écoles. Cette neutralité interdit aux établissements publics de privilégier une religion particulière ou d'en promouvoir activement les principes.

Au Cameroun, bien que la Constitution reconnaisse la liberté religieuse (Article 18), elle protège également la nature neutre de l'État, en particulier dans les écoles publiques. Cela pose une limite aux initiatives visant à intégrer explicitement des valeurs chrétiennes dans l'enseignement.

Exemple :

Un enseignant dans une école publique peut faire référence à des principes éthiques universels (comme l'honnêteté ou la solidarité) sans nécessairement les relier à des sources religieuses telles que la Bible. Cela permet de respecter la diversité des croyances parmi les élèves.

Le cadre international

Des conventions internationales, telles que la Déclaration universelle des droits de l'homme (Article 18) et la Convention relative aux droits de l'enfant (Article 14), garantissent aux enfants la liberté de religion tout en affirmant le droit des parents à diriger leur éducation spirituelle. Toutefois, elles appellent également les États à garantir un environnement éducatif neutre.

Limite clé :

Les enseignants ne peuvent pas imposer des pratiques religieuses ou influencer les élèves dans leurs choix religieux, particulièrement dans un cadre laïc.

Les activités spirituelles, comme la prière ou l'étude biblique, doivent être facultatives et ne pas interférer avec les programmes officiels.

1.2.2. Les limites éthiques : Respectées la diversité des croyances

La pluralité religieuse en milieu scolaire

Dans les établissements laïcs, les élèves viennent souvent d'horizons culturels et religieux divers : chrétiens, musulmans, animistes, athées, etc. Une approche éducative qui privilégie ouvertement une religion spécifique peut être perçue comme une discrimination ou une marginalisation des autres croyances.

Exemple :

Un élève non chrétien pourrait se sentir exclu ou mal à l'aise si l'école impose des rituels ou des enseignements exclusivement chrétiens. Cela pourrait non seulement nuire à son apprentissage, mais aussi engendrer des conflits entre élèves ou entre familles et administration scolaire.

La relation enseignant-élève

L'enseignant doit rester impartial dans sa mission d'éduquer. Une éducation qui promeut des valeurs chrétiennes ne doit pas donner l'impression de juger ou de condamner d'autres modes de vie ou croyances.

Proverbes 11:17 enseigne : « L'homme bon fait du bien à son âme, mais l'homme cruel trouble sa propre chair. » Cela signifie que les valeurs chrétiennes doivent être incarnées avec douceur et bienveillance, sans jamais devenir une contrainte ou une source de division.

1.3 Stratégies pour respecter la laïcité tout en intégrant la foi

Respecter la laïcité tout en intégrant la foi chrétienne dans l'enseignement requiert une approche subtile et équilibrée, afin de promouvoir les valeurs morales sans enfreindre les principes de neutralité.

La première stratégie consiste à s'appuyer sur des valeurs universelles partagées par toutes les croyances et cultures. L'amour, la justice, la paix et la solidarité, qui sont des piliers de la foi chrétienne, peuvent être intégrés dans l'éducation sans faire référence explicite à leur origine religieuse. Par exemple, dans les cours d'éducation civique, ces valeurs peuvent être illustrées par des exemples historiques comme les actions de Martin Luther King Jr. ou des récits inspirants de solidarité et d'entraide.

En parallèle, les écoles peuvent créer des espaces de réflexion inclusifs, où les élèves sont encouragés à débattre et à explorer des questions éthiques et morales. Ces discussions philosophiques permettent d'aborder des thèmes tels que la justice ou le respect dans un cadre neutre, tout en favorisant la transmission de principes chrétiens de manière implicite. Les projets collaboratifs, tels que les actions communautaires ou caritatives, constituent également un excellent moyen de renforcer ces valeurs. Par exemple, des campagnes de collecte pour aider les nécessiteux incarnent le commandement biblique *"Aime ton prochain comme toi-même" (Marc 12:31)*, tout en respectant la diversité des croyances des participants.

Les enseignants jouent un rôle clé dans cette démarche, non seulement par leur enseignement mais aussi par leur exemplarité. Une pédagogie basée sur l'exemple, où les enseignants incarnent l'amour, la patience et l'intégrité, influence positivement les élèves sans nécessiter de discours religieux explicite. Cela illustre parfaitement le proverbe biblique : "Instruis l'enfant selon la voie qu'il doit suivre ; et quand il sera vieux, il ne s'en détournera pas" (Proverbes 22:6).

Dans le respect de la laïcité, les écoles peuvent également proposer des activités inspirées par la foi, mais facultatives, pour les élèves intéressés. Des clubs ou cercles de réflexion autour des valeurs éthiques, des ateliers artistiques explorant des thèmes universels comme la paix ou le pardon, ou encore des activités communautaires sont autant d'initiatives qui renforcent les valeurs chrétiennes sans les imposer. En impliquant les familles dans ces initiatives, les écoles assurent une continuité entre les valeurs enseignées à l'école et celles vécues à la maison.

Pour garantir une mise en œuvre efficace, il est crucial de former les enseignants à la gestion de la diversité religieuse et à l'éthique professionnelle. Une formation spécifique peut les aider à transmettre des valeurs chrétiennes tout en respectant les croyances des élèves et en évitant tout prosélytisme. Ces formations peuvent inclure des approches pédagogiques adaptées, des techniques pour répondre aux questions des élèves sur la foi de manière neutre et inclusive, ainsi que des outils pour gérer les éventuels conflits religieux au sein des classes.

Il est essentiel de veiller à ce que les discours ne soient pas exclusifs ou stéréotypés. Les valeurs doivent être présentées comme universelles, sans imposer une hiérarchie entre les croyances. Par exemple, au lieu d'affirmer que les valeurs chrétiennes sont supérieures, il est préférable de souligner qu'elles contribuent, au même titre que d'autres traditions, à bâtir une société harmonieuse.

Enfin, une collaboration active avec les autorités éducatives et les communautés locales est indispensable pour valider les initiatives pédagogiques et assurer leur conformité avec le cadre légal. Les écoles peuvent également établir des partenariats avec des organisations confessionnelles pour organiser des activités extrascolaires bénéfiques, comme des programmes de mentorat spirituel ou des activités caritatives.

En adoptant ces stratégies, il est possible d'intégrer les valeurs chrétiennes dans l'enseignement sans violer les principes de la laïcité, tout en favorisant une éducation intégrale et harmonieuse. Cela permet non seulement de renforcer les bases morales des élèves, mais aussi de promouvoir une meilleure compréhension et une plus grande cohésion sociale.

2. Violence et perte de repères moraux dans les écoles

Depuis plusieurs années, la violence en milieu scolaire s'intensifie au Cameroun, affectant gravement le climat d'apprentissage et la relation entre élèves et encadreurs. En 2025, ce phénomène s'aggrave, se manifestant sous diverses formes : violences physiques, verbales, psychologiques et parfois même numériques. Malgré des efforts, comme l'organisation d'un colloque international sur ce thème, le constat reste amer : les solutions proposées n'ont pas encore réussi à enrayer cette crise.

1. Constat alarmant : un climat scolaire détérioré

Le Cameroun, comme beaucoup d'autres pays, est confronté à une montée inquiétante des actes de violence dans les établissements scolaires. Ce phénomène s'observe à plusieurs niveaux :

Entre élèves : rixes, harcèlement, actes de vengeance.

Entre élèves et encadreurs : manque de respect, agressions physiques ou verbales contre les enseignants.

Quelques faits:

- Le 22 Novembre 2018, un élève de 18 ans, en classe de terminale poignardé à mort par son camarade de classe à l'Institut Polyvalent Bilingue la « Sophia » à Nkolfoulou, Cameroun ;
- Le 29 Mars 2019 à Douala, un élève de 17 ans au lycée bilingue de Deido est poignardé à mort par un ancien élève exclu quelque temps auparavant ;
- Le 20 septembre 2019 à l'Ecole Primaire Publique du Garage Militaire à Bafoussam, un militaire s'introduit à l'école et bastonne copieusement une enseignante accusée d'avoir sévèrement puni son fils ;
- Le 31 septembre 2019, un élève de la classe de 4e ESP au Collège Frantz Fannon à Yaoundé est bastonné à mort par le surveillant de secteur et l'enseignant d'informatique etc.
- Une étude révèle au cours de l'année scolaire 2021-2022 dans la ville de Bafoussam (Ouest Cameroun), 1014 cas d'inconduite scolaire enrôlés dans 23 conseils de disciplines.
- Le 7 janvier 2025, un enseignant d'Histoire Géographie est agressé par les élèves à Bonabérie dans l'Arrondissement de Douala 5^{e}
- Janvier 2025, une vidéo devenue virale met en scène un apprenant du lycée de MBO-YOM Bandjoun agressant sa camarade de classe au motif que celle-ci détenait son téléphone portable

Entre 2020 et 2025, une enquête menée dans les écoles secondaires camerounaises révèle que 70 % des élèves ont été témoins d'actes de violence.

40 % des enseignants déclarent avoir été victimes d'agressions verbales ou physiques.

2. Facteurs expliquant la montée de la violence

La montée de la violence dans les établissements scolaires, particulièrement au Cameroun, est un phénomène inquiétant qui s'explique par une multitude de facteurs interconnectés. Cette situation, devenue monnaie courante, révèle une dégradation des repères moraux, sociaux et éducatifs, et appelle à une analyse approfondie pour comprendre ses origines et trouver des solutions adaptées.

L'un des principaux facteurs de cette violence réside dans l'éclatement du cadre familial. La famille, qui constitue traditionnellement le premier lieu de socialisation, joue un rôle crucial dans la formation des valeurs et du caractère des enfants. Cependant, de nombreuses familles aujourd'hui sont marquées par des conflits, des divorces ou une absence d'encadrement parental. Les enfants grandissent souvent sans repères stables, ce qui les rend plus susceptibles d'adopter des comportements agressifs. Selon *Proverbes 29:15, « La verge et la réprimande donnent la sagesse, mais l'enfant livré à lui-même fait honte à sa mère. »* Ce verset illustre bien l'importance de l'éducation familiale dans la construction d'une personnalité équilibrée.

À ce déficit familial s'ajoute l'influence néfaste des médias et des réseaux sociaux. L'exposition constante des jeunes à des contenus violents, que ce soit dans les films, les jeux vidéo ou les plateformes numériques, banalise les comportements agressifs et leur donne un caractère attrayant. Les réseaux sociaux, en particulier, sont devenus des espaces où les disputes, les provocations et les intimidations prennent une ampleur démesurée, se transformant parfois en violences physiques dans le cadre scolaire. Ces plateformes alimentent également un sentiment de compétition malsaine, exacerbant les frustrations et les tensions entre élèves.

Le manque de discipline et d'autorité au sein des établissements scolaires est un autre facteur clé. Certains encadreurs, par crainte de représailles ou de sanctions administratives, hésitent à imposer une discipline rigoureuse. De plus, les effectifs pléthoriques dans les classes rendent difficile un suivi personnalisé des élèves. Cette situation crée un climat de désordre propice à l'apparition de comportements violents. En l'absence de sanctions dissuasives, les élèves perçoivent ces comportements comme acceptables ou sans conséquences.

La pression académique et l'absence de soutien psychologique constituent également des éléments explicatifs. Beaucoup d'élèves, confrontés à des attentes élevées de la part de leurs familles ou de la société, développent un stress intense qui peut se traduire par des comportements agressifs. Cette situation est aggravée par l'absence de services de soutien psychologique dans la plupart des écoles, laissant les élèves livrés à eux-mêmes face à leurs frustrations.

Par ailleurs, le phénomène des gangs et des influences extérieures contribue largement à la montée de la violence scolaire. Dans certaines régions urbaines, des groupes de jeunes en marge de la société exercent une pression sur les élèves, les incitant à adopter des comportements violents pour affirmer leur appartenance ou leur domination. Ces gangs deviennent des modèles pour certains adolescents en quête d'identité, renforçant ainsi les conflits au sein des établissements.

Le rôle de la société dans son ensemble ne peut être ignoré. La montée des inégalités économiques, le chômage des parents et l'absence de valeurs dans certains environnements sociaux créent un climat de frustration généralisée qui se répercute sur les jeunes. Ceux-ci, souvent victimes de ces dysfonctionnements sociaux, expriment leur colère et leur impuissance à travers des actes de violence.

Enfin, l'affaiblissement des repères spirituels dans l'éducation joue un rôle important. Alors que les valeurs chrétiennes prônent l'amour, le pardon et la non-violence, leur absence dans le système éducatif contribue à la montée des comportements agressifs. Les Écritures rappellent pourtant l'importance d'inculquer des principes moraux dès le jeune âge. Proverbes 22:6 enseigne : « Instruis l'enfant selon la voie qu'il doit suivre ; et quand il sera vieux, il ne s'en détournera pas. » Ce fondement spirituel, s'il était davantage intégré, pourrait constituer un rempart contre la dégradation des mœurs dans les écoles.

Face à ces facteurs, il devient impératif de mettre en place des solutions systémiques pour endiguer la montée de la violence dans les établissements scolaires. Ces solutions devront impliquer non seulement les écoles, mais également les familles, les autorités religieuses et les pouvoirs publics, pour garantir une approche holistique du problème.

3. Témoignages et illustrations

Témoignage 1 : Une enseignante de discipline générale dans un collège de Yaoundé témoigne :

"Les élèves sont devenus de plus en plus indisciplinés. Certains osent même répondre violemment lorsqu'ils sont corrigés. Cela n'était pas aussi fréquent il y a dix ans."

Témoignage 2 : Un élève d'un lycée bilingue affirme :

"Les disputes éclatent pour des raisons banales, et parfois elles dégénèrent rapidement. Beaucoup d'élèves ne respectent plus les enseignants parce qu'ils ne se sentent pas compris."

La violence et la perte de repères dans les écoles camerounaises sont des symptômes d'un vide moral et spirituel qui appelle une réponse urgente. La réintégration des valeurs chrétiennes, combinée à une gestion proactive des conflits, pourrait offrir une solution durable. Cela nécessite l'engagement de tous les acteurs éducatifs pour replacer l'éducation au service de la paix et de la transformation sociale.

3. Préjugés et résistance à l'éducation chrétienne

3.1 Sources de résistance

L'éducation chrétienne, bien qu'elle porte des valeurs universelles comme l'amour, la justice, la paix et le respect, suscite souvent des préjugés et des résistances, particulièrement dans les contextes laïcs. Ces obstacles, enracinés dans des perceptions biaisées et des incompréhensions, méritent une analyse approfondie pour mieux en saisir les origines et proposer des approches conciliatrices.

L'un des préjugés les plus fréquents envers l'éducation chrétienne est qu'elle serait une forme de prosélytisme déguisé. De nombreuses personnes craignent que l'intégration des valeurs chrétiennes dans l'éducation ne compromette la neutralité religieuse exigée par les cadres laïcs. Cette perception repose sur une confusion entre l'enseignement des principes éthiques inspirés de la foi et l'imposition d'une croyance religieuse. Pourtant, l'éducation chrétienne, bien menée, ne cherche pas à convertir, mais plutôt à inculquer des valeurs morales qui transcendent les affiliations religieuses. Par exemple, l'enseignement de la compassion, ancré dans des passages comme *Matthieu 22:39 (« Tu aimeras ton prochain comme toi-même »),* est une valeur universelle qui peut être acceptée dans un cadre laïc.

Un autre point de résistance provient de la méfiance envers le rôle historique de la religion dans l'éducation. Certains opposants associent les initiatives d'éducation chrétienne à des périodes où l'Église exerçait une influence considérable sur les systèmes éducatifs, parfois au détriment de la diversité des opinions. Cette méfiance, bien qu'en partie justifiée par des faits historiques, ne tient pas compte de l'évolution contemporaine de l'éducation chrétienne, qui se veut inclusive et respectueuse des contextes multiculturels et pluriconfessionnels.

Les enseignants et éducateurs eux-mêmes peuvent exprimer des résistances, souvent par crainte de compromettre leur propre neutralité ou d'être accusés de partialité. Ils redoutent que l'introduction de principes chrétiens, même dans leur forme la plus universelle, puisse être perçue comme une atteinte aux principes de la laïcité. Cette crainte est exacerbée par un manque de formation et de ressources leur permettant d'équilibrer les valeurs chrétiennes avec les exigences légales et éthiques des cadres laïcs. Une enquête menée dans certaines écoles privées au Cameroun a révélé que 68 % des enseignants se sentaient mal équipés pour intégrer les valeurs chrétiennes sans heurter les sensibilités de leurs élèves ou de leurs collègues.

Dans certains contextes, la résistance à l'éducation chrétienne peut également être attribuée à la diversité religieuse. Les établissements scolaires, surtout dans les pays comme le Cameroun où coexistent plusieurs confessions, doivent souvent composer avec des sensibilités variées. L'introduction explicite des valeurs chrétiennes peut être perçue par d'autres communautés religieuses comme une marginalisation de leurs propres croyances. Cela crée un terrain propice aux malentendus et aux tensions, même si les principes enseignés sont universels et applicables à tous.

Un autre facteur de résistance vient de la perception selon laquelle l'éducation chrétienne serait dépassée ou inadaptée aux défis modernes. Dans un monde dominé par des valeurs matérialistes et une quête de performance, les vertus chrétiennes comme l'humilité, la générosité ou la patience peuvent être considérées comme incompatibles avec la réalité compétitive du XXIe siècle. Ce rejet, souvent alimenté par un manque de compréhension, reflète un écart croissant entre les aspirations spirituelles et les attentes de la société contemporaine.

Enfin, les élèves eux-mêmes, influencés par la culture dominante, peuvent se montrer réticents face à l'intégration de valeurs chrétiennes dans leur éducation.

Ils peuvent les percevoir comme des restrictions ou des règles limitant leur liberté. Cette perception, bien qu'infondée, est renforcée par la prévalence d'une culture qui valorise l'individualisme et la satisfaction immédiate au détriment des valeurs communautaires et de long terme.

Pour surmonter ces préjugés et résistances, il est crucial d'adopter une approche pédagogique inclusive, qui mette en avant les points de convergence entre les valeurs chrétiennes et les idéaux laïcs. Les éducateurs doivent se former à présenter les valeurs chrétiennes comme des principes universels et non exclusifs. Il convient également de sensibiliser les parents, les enseignants et les élèves à l'importance d'un cadre moral solide, quel que soit le contexte religieux. Enfin, il est essentiel de favoriser un dialogue ouvert entre les différentes communautés religieuses et les défenseurs de la laïcité, afin de réduire les tensions et de bâtir une compréhension mutuelle.

3.2 Études de cas

Cas 1 : Une école privée au Cameroun confrontée à des résistances multiculturelles

Contexte : Dans une école privée de Yaoundé, 60 % des élèves sont chrétiens et 40 % sont d'autres confessions (musulmans, athées, ou autres). Lors de l'introduction d'un programme basé sur les valeurs chrétiennes (respect, pardon, etc.), certains parents non chrétiens ont exprimé leurs craintes d'une éventuelle discrimination.

Approche adoptée :

L'école a organisé une réunion ouverte pour expliquer que les valeurs transmises sont universelles et respectueuses des croyances de chacun.

Des activités interreligieuses (comme des débats sur des thèmes éthiques) ont été ajoutées pour favoriser l'inclusion.

Résultats : Une augmentation de 30 % du taux de satisfaction des parents et un engagement accru des élèves dans les projets scolaires.

Cas 2 : Une résistance administrative dans un lycée privé au Nigeria

Contexte : Le directeur d'un lycée laïc a refusé la proposition d'intégrer des valeurs chrétiennes dans les cours d'éducation civique, craignant une opposition des autorités locales.

Solutions mises en œuvre :

L'équipe éducative a reformulé son programme pour présenter les valeurs comme des principes éthiques universels (exemple : "aime ton prochain" devient "favorise la solidarité").

Des partenariats ont été créés avec des associations locales pour promouvoir ces valeurs sans référence directe à la foi.

Résultats :

Le projet a été validé après six mois de négociations.

75 % des élèves interrogés ont déclaré que les activités inspirées par ces principes les ont aidés à mieux gérer leurs relations interpersonnelles.

3.3 Stratégies pour surmonter les préjugés

Pour surmonter les préjugés envers l'intégration de l'éducation chrétienne dans les contextes laïcs, il est nécessaire de développer des stratégies structurées, inclusives et pédagogiques qui répondent aux préoccupations des parties prenantes tout en respectant les cadres juridiques et sociaux. Ces approches doivent non seulement dissiper les malentendus, mais aussi démontrer les bénéfices universels des valeurs chrétiennes pour la société et l'éducation.

Sensibiliser sur les valeurs universelles des principes chrétiens

L'une des premières étapes pour surmonter les préjugés est de montrer que les valeurs chrétiennes ne sont pas exclusives à la religion, mais qu'elles s'alignent souvent avec des idéaux universels acceptés par les cadres laïcs. Par exemple, des valeurs comme l'amour (1 Corinthiens 13:13), la paix (Matthieu 5:9) et la justice (Michée 6:8) transcendent les barrières religieuses et culturelles. En présentant ces principes comme des bases éthiques pouvant profiter à tous, on évite l'amalgame entre foi chrétienne et prosélytisme. Des ateliers ou séminaires interreligieux pourraient être organisés pour dialoguer autour de ces valeurs et montrer leurs bénéfices pour la société entière.

Former les éducateurs pour une approche équilibrée

Les enseignants jouent un rôle clé dans l'intégration des valeurs chrétiennes. Une formation spécifique doit leur être dispensée pour leur permettre de transmettre ces valeurs sans heurter la sensibilité des élèves issus de différents horizons religieux ou culturels. Par exemple, un enseignant peut intégrer des principes comme le pardon ou la tolérance en les illustrant par des exemples littéraires, historiques ou philosophiques. Une telle approche favorise un environnement d'apprentissage neutre et respectueux tout en maintenant une base éthique solide.

Impliquer les familles et les communautés

La résistance à l'éducation chrétienne dans un cadre laïc est souvent renforcée par le manque d'information ou de dialogue entre les écoles et les familles. Il est donc crucial de développer une communication claire et transparente avec les parents pour les sensibiliser à l'importance des valeurs morales dans l'éducation. Des rencontres parents-enseignants, des conférences ou des publications éducatives peuvent être des moyens efficaces de démontrer que ces valeurs ne cherchent pas à imposer une croyance, mais à offrir un cadre éthique bénéfique pour le développement global de l'élève.

Promouvoir des exemples concrets et des études de cas

Pour réduire les préjugés, il est utile de s'appuyer sur des exemples réels et des études de cas montrant comment l'intégration des valeurs chrétiennes a eu un impact positif dans certains contextes éducatifs. Par exemple, des écoles confessionnelles ayant adopté une pédagogie basée sur l'amour du prochain ou la justice sociale pourraient servir de modèles. Ces expériences réussies démontrent que l'éducation chrétienne peut contribuer à réduire les violences scolaires, améliorer la discipline et renforcer le sentiment communautaire au sein des établissements.

Adopter une pédagogie inclusive

Il est essentiel d'utiliser des méthodes pédagogiques qui respectent les sensibilités de tous les élèves, quelle que soit leur origine religieuse ou culturelle. Cela peut inclure des discussions ouvertes sur des thèmes éthiques et moraux où chaque élève a la possibilité de partager ses perspectives. Les enseignants peuvent utiliser des récits ou des paraboles bibliques pour introduire des concepts universels, tout en permettant aux élèves d'établir des liens avec leurs propres croyances ou expériences. Cette approche participative aide à bâtir un pont entre les valeurs chrétiennes et les divers systèmes de pensée.

Promouvoir le dialogue interreligieux et interculturel

Une autre stratégie clé est de créer des espaces de dialogue entre les différentes confessions religieuses représentées dans l'école ou la communauté. Ces échanges permettent de réduire les tensions, de clarifier les intentions des initiatives chrétiennes et de mettre en lumière les nombreux points de convergence entre les différentes traditions. Par exemple, des activités comme des journées culturelles ou des conférences interreligieuses peuvent servir de plateformes pour montrer que les valeurs chrétiennes s'inscrivent dans une vision globale de paix et de coopération.

Utiliser des supports modernes et attractifs

Pour surmonter les résistances des jeunes, il est important de présenter les valeurs chrétiennes d'une manière moderne et attrayante. Cela peut inclure l'utilisation de supports numériques, de vidéos interactives ou de réseaux sociaux pour communiquer des messages positifs. Par exemple, des campagnes médiatiques autour de thèmes comme la tolérance ou le respect pourraient inclure des extraits bibliques adaptés à la réalité des jeunes.

Collaborer avec des institutions et des leaders influents

Enfin, l'implication de leaders religieux, éducatifs ou communautaires peut renforcer la légitimité des initiatives d'intégration des valeurs chrétiennes. Ces figures d'autorité peuvent intervenir dans des forums, écrire des articles ou participer à des projets pour promouvoir une compréhension équilibrée et objective de l'éducation chrétienne. De plus, leur soutien peut rassurer les sceptiques et encourager une adoption plus large de ces valeurs dans les systèmes éducatifs.

En résumé, la clé pour surmonter les préjugés envers l'éducation chrétienne réside dans une démarche pédagogique inclusive, un dialogue ouvert et une communication efficace. L'objectif est de démontrer que les valeurs chrétiennes, loin d'être exclusives, offrent un socle éthique universel qui peut renforcer la cohésion sociale et contribuer au développement harmonieux des élèves.

Conclusion

L'intégration de la foi chrétienne dans un cadre laïc est un exercice délicat mais essentiel pour promouvoir une éducation éthique et spirituelle. Les défis de la neutralité, de la violence et des préjugés peuvent être surmontés grâce à des stratégies inclusives et respectueuses des diversités culturelles. Comme l'a dit Saint-Augustin : *« L'éducation sans valeurs, bien qu'elle puisse rendre un homme intelligent, le rend plus dangereux*.

Chapitre 3 : Stratégies pour intégrer les valeurs chrétiennes dans l'enseignement

Ce chapitre explore des approches concrètes pour intégrer les valeurs chrétiennes dans l'enseignement. Ces stratégies s'appuient sur une pédagogie centrée sur les valeurs, un leadership inspiré de la foi, des activités éducatives et une collaboration entre l'école, la famille et la communauté.

3.1. Pédagogie basée sur les valeurs

L'intégration des valeurs chrétiennes dans l'enseignement repose sur une pédagogie qui dépasse la simple transmission de connaissances pour se concentrer sur la formation intégrale de l'élève. Cette approche pédagogique met en avant le développement du caractère, de l'éthique et de la sensibilité sociale, tout en cultivant des compétences académiques. La pédagogie basée sur les valeurs propose un cadre structuré pour intégrer les principes moraux et spirituels dans les pratiques éducatives de manière efficace et équilibrée.

La pédagogie basée sur les valeurs repose sur le principe que l'éducation ne se limite pas à préparer les élèves pour une carrière professionnelle, mais qu'elle doit également les former à devenir des citoyens responsables, des leaders éthiques et des individus empreints de compassion

Inclusion des récits bibliques dans l'enseignement

Les récits bibliques offrent des exemples riches pour transmettre des valeurs. Par exemple, l'histoire de David et Goliath (1 Samuel 17) enseigne le courage et la foi face à l'adversité, tandis que celle de Joseph et ses frères (Genèse 37) montre l'importance du pardon et de la réconciliation. Marie-Hélène Hébrard *(Bible et éducation, 2012)* affirme que les récits bibliques renforcent les concepts éthiques dans l'apprentissage.

Discussions éthiques en classe

Favoriser des débats sur des dilemmes moraux en classe permet aux élèves de réfléchir aux implications des valeurs chrétiennes dans des situations concrètes. Philippe Meirieu, dans *L'École et les valeurs (1991),* propose que l'éducation devienne un espace de réflexion critique où les élèves analysent des questions comme l'équité et la justice.

3.2. Modèle de leadership chrétien

Le leadership chrétien, profondément ancré dans les enseignements bibliques, représente une approche distinctive qui met l'accent sur le service, l'humilité, et la poursuite du bien commun. Contrairement à certains modèles de leadership axés principalement sur le pouvoir et la domination, le leadership chrétien se caractérise par un esprit de servitude, inspiré par la vie et les enseignements de Jésus-Christ. Ce modèle, lorsqu'il est appliqué dans le contexte éducatif, permet de transformer les écoles en des espaces où les valeurs de respect, de justice, et de bienveillance deviennent des piliers de la vie scolaire.

Principes fondamentaux du leadership chrétien

Jésus-Christ est le modèle suprême du leader serviteur. Dans Jean 13:14-15, Jésus lave les pieds de ses disciples et déclare : « Si donc je vous ai lavé les pieds, moi le Seigneur et le Maître, vous devez aussi vous laver les pieds les uns aux autres. » Ce geste symbolise un leadership basé sur l'humilité, l'amour et le service. Il a par ailleurs déclaré "Celui qui veut être le premier parmi vous, qu'il soit votre serviteur" (Matthieu 20:26-28

L'humilité comme force : L'apôtre Paul exhorte à adopter une attitude d'humilité dans Philippiens 2:3 : "Ne faites rien par esprit de rivalité ou par vaine gloire, mais que l'humilité vous fasse regarder les autres comme étant au-dessus de vous." Cette qualité permet au leader chrétien de rester ouvert aux critiques et aux conseils, et de bâtir des relations solides avec ceux qu'il dirige.

Caractéristiques du leadership chrétien dans un contexte éducatif

Selon Robert Greenleaf (1977) dans Servant Leadership, le leader serviteur cherche à répondre aux besoins des autres avant de satisfaire ses propres intérêts

Dans le milieu scolaire, un modèle de leadership chrétien se distingue par plusieurs aspects qui influencent positivement la gestion des écoles et la formation des élèves :

Un leadership par l'exemple

Le leader chrétien, qu'il soit directeur, enseignant ou conseiller, incarne les valeurs qu'il souhaite transmettre. Par exemple, un enseignant qui fait preuve de patience et de respect envers ses élèves influence positivement leur comportement. En adoptant une attitude bienveillante et juste, il montre aux élèves comment agir de manière éthique dans leurs propres vies.

Un bon leader chrétien aide les autres à grandir spirituellement et moralement. Ken Blanchard et *Phil Hodges,* dans *Lead Like Jesus (2005),* expliquent que le rôle du leader est de révéler le potentiel des autres en leur montrant un chemin aligné avec les valeurs chrétiennes.

Un focus sur le bien-être de la communauté

Le leadership chrétien s'intéresse au bien-être collectif. Dans le cadre scolaire, cela se traduit par la création d'un environnement où chaque élève, enseignant et membre du personnel se sent valorisé. Par exemple, un directeur chrétien pourrait mettre en place des programmes de mentorat pour soutenir les élèves en difficulté, en s'assurant que personne ne soit laissé pour compte.

Former les enseignants au leadership de service leur permet de devenir des modèles vivants pour leurs élèves. *Greenleaf (1977), dans Servant Leadership: A Journey into the Nature of Legitimate Power and Greatness,* décrit ce type de leadership comme une pratique d'écoute, de soin et de responsabilisation des autres. Les formations pourraient inclure :

Études bibliques sur le leadership

Explorer les exemples bibliques de leadership, comme :

Moïse, qui a guidé les Israélites avec patience et dépendance envers Dieu (Exode 18).

Néhémie, un leader persévérant qui a reconstruit Jérusalem tout en surmontant les oppositions (Néhémie 2).

Paul, qui a formé des disciples en les encourageant à devenir des leaders autonomes (2 Timothée 2:2).

Une gestion centrée sur la collaboration

Contrairement à un leadership autoritaire, le modèle chrétien valorise la collaboration et le dialogue. Inspiré de l'idée biblique que "le corps est formé de plusieurs membres" (1 Corinthiens 12:12-27), le leader chrétien comprend que chaque membre de la communauté éducative a un rôle unique et précieux à jouer. En encourageant la participation des enseignants, parents et élèves dans la prise de décision, il favorise un sentiment d'appartenance et de responsabilité collective.

Pratiques de gestion inspirées de la foi

Former les enseignants à des compétences de gestion spécifiques telles que :

La communication bienveillante et l'écoute active.

La gestion des conflits basée sur Matthieu 18:15-17, qui encourage à aborder les différends avec amour et discrétion.

La prise de décision éthique, en se basant sur des valeurs universelles de justice et de vérité.

Les enseignants pourraient bénéficier de témoignages de leaders ayant appliqué ces principes avec succès. Par exemple, une étude de cas pourrait présenter une école chrétienne ayant réduit le taux de violence grâce à des pratiques de médiation basées sur le pardon et la réconciliation.

3.3. Activités et projets basés sur les valeurs chrétiennes

Les activités et projets basés sur les valeurs chrétiennes offrent aux élèves l'opportunité de vivre ces principes de manière concrète, au-delà des simples discours. Ces initiatives, ancrées dans des valeurs telles que l'amour du prochain, la justice, la paix et le respect, favorisent une éducation intégrale où les élèves développent non seulement leurs compétences académiques, mais aussi leur caractère et leur spiritualité.

Rôle des activités basées sur les valeurs chrétiennes

Ces activités visent à :

- .Renforcer l'éducation morale : Les élèves apprennent à incarner des valeurs éthiques dans leur quotidien.
- Favoriser une cohésion communautaire : En s'engageant dans des projets collectifs, ils développent un esprit de solidarité et de collaboration.
- Inspirer une vie de service : Les activités chrétiennes incitent les jeunes à servir leur communauté, conformément à l'enseignement biblique : *"Il y a plus de bonheur à donner qu'à recevoir" (Actes 20:35).*

Types d'activités et projets basés sur les valeurs chrétiennes

1. Projets de bénévolat et de service communautaire

Les projets de bénévolat permettent aux élèves de mettre en pratique des valeurs comme l'empathie et la générosité. Par exemple :

Visites aux personnes défavorisées : Les élèves peuvent rendre visite à des orphelinats, des maisons de retraite ou des centres pour sans-abris pour apporter des dons ou organiser des activités récréatives. Cela leur apprend l'importance de prendre soin des plus vulnérables, comme enseigné dans Matthieu 25:40 : "En vérité, je vous le dis, toutes les fois que vous avez fait cela à l'un de ces plus petits de mes frères, c'est à moi que vous l'avez fait."

Journées de nettoyage communautaire : Inspirés par la responsabilité chrétienne de prendre soin de la création (Genèse 2:15), les élèves peuvent s'engager dans des projets environnementaux comme le nettoyage des quartiers ou la plantation d'arbres.

2. Ateliers artistiques inspirés de la foi

L'art est un moyen puissant d'exprimer les valeurs chrétiennes. Les élèves peuvent s'engager dans des projets artistiques qui combinent créativité et spiritualité :

Théâtre chrétien : Les élèves peuvent jouer des pièces basées sur des récits bibliques ou sur des thèmes comme le pardon, l'amour ou la réconciliation. Par exemple, une représentation de la parabole du Bon Samaritain (Luc 10:25-37) peut illustrer l'importance d'aider son prochain, quelles que soient ses origines.

Poésie et écriture : Les élèves peuvent rédiger des poèmes ou des récits sur des thèmes comme la foi, la paix et l'espérance. Cela leur permet de réfléchir profondément à ces valeurs et de les intégrer dans leur vision du monde.

Projets musicaux : Organiser des chorales ou des concerts où les élèves interprètent des chants inspirants peut renforcer leur compréhension des valeurs chrétiennes tout en créant un sentiment d'unité.

3. Journées thématiques et célébrations

Les écoles peuvent organiser des journées thématiques pour promouvoir des valeurs spécifiques :

Journée de la paix : Les élèves participent à des débats, des conférences ou des activités visant à promouvoir la paix dans leur communauté.

Semaine des valeurs chrétiennes : Chaque jour de la semaine est consacré à une valeur (amour, foi, justice, etc.), avec des activités comme des discussions en classe, des ateliers et des prières collectives.

4. Projets de mentorat spirituel

Le mentorat est un moyen efficace d'incarner les valeurs chrétiennes. Les élèves peuvent être jumelés avec des mentors – enseignants, aînés ou anciens élèves – pour discuter de sujets liés à la foi et à la vie quotidienne. Ce type d'accompagnement aide les jeunes à affronter les défis moraux et spirituels auxquels ils sont confrontés, avec le soutien d'une figure de confiance. John Maxwell, dans The 21 Irrefutable Laws of Leadership (1998), insiste sur l'importance de mentors qui inspirent et soutiennent les leaders émergents.

5. Projets collaboratifs École-Famille-Église

La collaboration entre l'école, les familles et les églises renforce l'impact des valeurs chrétiennes. Par exemple :

Retraites spirituelles : Organisées en partenariat avec des leaders religieux, elles permettent aux élèves de se retirer temporairement des distractions quotidiennes pour réfléchir sur leur foi et leur vie spirituelle.

Partenariats avec des paroisses : Les églises locales peuvent collaborer avec les écoles pour organiser des séminaires ou des journées de prière.

3.4. Résultats attendus

- Une transformation durable : Contrairement à un enseignement purement théorique, ces activités permettent aux élèves d'intégrer les valeurs dans leur vie quotidienne, les rendant plus enclins à adopter un comportement éthique à long terme.
- Un climat scolaire apaisé : Les écoles qui intègrent de telles activités constatent souvent une diminution des conflits, car les élèves apprennent à valoriser le respect et la collaboration.
- Une réponse aux défis modernes : Dans un monde marqué par la violence et la perte de repères moraux, les activités basées sur la foi offrent des solutions concrètes pour redonner du sens à l'éducation.

Conclusion

L'intégration des valeurs chrétiennes dans l'enseignement représente un défi exigeant mais essentiel pour promouvoir une éducation équilibrée et fondée sur des principes universels de justice, d'amour et de paix. Les stratégies proposées, qu'il s'agisse de la pédagogie basée sur les valeurs, du modèle de leadership chrétien, des activités pratiques ou de la collaboration École-Famille-Église, démontrent qu'il est possible d'insuffler un esprit chrétien dans l'éducation, même dans un cadre laïc.

Cependant, cette mission exige une grande sagesse, une approche progressive et un profond respect des diversités culturelles et religieuses. Il ne s'agit pas d'imposer une doctrine, mais de permettre à tous les élèves de bénéficier des enseignements moraux et spirituels qui enrichissent leur caractère et les préparent à être des citoyens responsables et bienveillants.

Ainsi, les éducateurs chrétiens, en incarnant ces valeurs, jouent un rôle de lumière et de levier pour transformer la société à travers l'éducation. Conformément à *Matthieu 5:14, ils deviennent cette "ville située sur une montagne qui ne peut être cachée"*. En adoptant ces stratégies, les institutions éducatives peuvent non seulement influencer positivement leurs élèves, mais aussi contribuer à restaurer les repères moraux et spirituels dont le monde a tant besoin.

Chapitre 4 : Rôle des établissements confessionnels dans la promotion de la foi

Les établissements confessionnels ont été des acteurs incontournables dans l'éducation et la formation des jeunes, en particulier dans les sociétés marquées par une forte tradition chrétienne. Ils se distinguent par leur mission d'éducation académique et spirituelle, visant à former des individus non seulement compétents sur le plan intellectuel, mais aussi profondément ancrés dans des valeurs chrétiennes. Cependant, à l'heure actuelle, face à la montée du pluralisme religieux, du relativisme et de la laïcité, le rôle de ces institutions se trouve confronté à de nouveaux défis. Ce chapitre explore la place des établissements confessionnels dans la promotion de la foi chrétienne, en mettant en lumière leur histoire, leurs bonnes pratiques, et leurs contributions à la société, tout en examinant les stratégies qu'ils emploient pour maintenir leur identité chrétienne dans un monde de plus en plus séculier.

1. Historique et mission des écoles chrétiennes

Les établissements confessionnels ont joué un rôle de pionnier dans l'éducation en Afrique et dans le monde. Leur apparition remonte souvent à l'époque coloniale, où les missionnaires ont utilisé l'éducation comme un moyen de diffuser la foi chrétienne tout en répondant aux besoins de la population locale. Ces écoles ont d'abord servi à enseigner à la fois la lecture, l'écriture et les principes chrétiens. Cependant, au-delà de la simple instruction, ces institutions ont progressivement développé une approche éducative complète, incluant des enseignements spirituels, éthiques et moraux, visant à façonner le caractère des jeunes.

L'impact historique des écoles chrétiennes

L'impact des établissements confessionnels sur l'histoire de l'éducation en Afrique est indéniable. Par exemple, dans des pays comme le Cameroun, le Nigéria et le Kenya, les écoles chrétiennes ont été des précurseurs dans l'introduction de l'éducation formelle. Comme le souligne Aylward Shorter dans *African Culture and the Christian Church (1973),* ces écoles ont non seulement formé des générations d'élèves mais ont aussi joué un rôle clé dans l'élévation du statut des femmes et des groupes marginalisés à travers l'accès à l'éducation.

Les écoles chrétiennes ont également été un vecteur de stabilité sociale, en contribuant à l'instauration de valeurs communes telles que la justice, la paix et l'harmonie communautaire. Ces valeurs, souvent issues de la tradition chrétienne, ont été essentielles dans la consolidation de sociétés post-coloniales marquées par les tensions ethniques et les luttes politiques.

2. Bonnes pratiques issues des écoles confessionnelles

Les écoles confessionnelles ont développé des pratiques éducatives uniques qui allient l'excellence académique à l'éducation spirituelle. Ces bonnes pratiques sont souvent inspirées par la conviction que l'éducation chrétienne doit être intégrale, visant à former l'individu dans toutes ses dimensions : intellectuelle, morale, sociale et spirituelle.

Intégration de la foi dans les matières scolaires

L'une des principales bonnes pratiques des écoles confessionnelles est l'intégration de la foi chrétienne dans les matières scolaires. Par exemple, dans des écoles comme le Collège Libermann au Cameroun ou le Collège Saint-Benoît, les enseignants sont encouragés à lier les matières académiques aux principes bibliques. En histoire, les élèves apprennent non seulement les événements historiques, mais aussi l'impact de la foi chrétienne sur les grandes civilisations. En français, des œuvres littéraires chrétiennes sont étudiées pour encourager les élèves à réfléchir sur les valeurs chrétiennes à travers la littérature.

La formation du caractère chrétien

Les écoles chrétiennes mettent un accent particulier sur la formation du caractère. Jean-Paul Willaime dans *La religion dans l'éducation : un enjeu mondial (2007)* décrit cette approche comme une méthode visant à "construire des citoyens chrétiens qui soient à la fois moralement intègres et socialement responsables". À travers des activités comme les cultes, les retraites spirituelles et les discussions en groupe sur des thèmes bibliques, les élèves sont invités à réfléchir sur des valeurs essentielles telles que l'amour du prochain, le pardon, la solidarité et la justice.

L'engagement social des écoles chrétiennes

Une autre bonne pratique des écoles chrétiennes est l'accent mis sur l'engagement social. Ces établissements encouragent les élèves à s'impliquer dans des actions de bénévolat et des projets communautaires. Par exemple, des initiatives comme les collectes de fonds pour les orphelins, les visites aux hôpitaux ou les actions en faveur de l'environnement sont courantes. Ces projets permettent aux élèves de vivre leur foi de manière concrète, tout en contribuant positivement à la société.

3. Réseaux et collaborations : L'importance des alliances entre écoles confessionnelles et établissements laïcs

Les établissements confessionnels n'évoluent pas dans un vide. Ils sont souvent amenés à collaborer avec d'autres institutions éducatives, qu'elles soient laïques ou autres. Cette collaboration est cruciale pour maintenir l'intégrité des valeurs chrétiennes dans un environnement de plus en plus diversifié.

Les collaborations inter-écoles

Au Cameroun, par exemple, des écoles confessionnelles collaborent régulièrement avec des écoles laïques dans le cadre de compétitions sportives, de projets culturels et d'initiatives de partage de ressources. Ces collaborations permettent aux écoles chrétiennes de témoigner de leur foi tout en contribuant à la culture générale des élèves. Elles offrent également un cadre d'apprentissage où les élèves peuvent échanger sur des valeurs communes tout en respectant les différences culturelles et religieuses.

Partenariats avec les églises et les familles

Les écoles confessionnelles entretiennent également des relations étroites avec les églises locales et les familles des élèves. Ces partenariats sont essentiels pour renforcer les valeurs chrétiennes à la maison, à l'école et dans la communauté. Par exemple, des initiatives comme les rencontres parents-enseignants, les cultes familiaux ou les retraites spirituelles communes favorisent une meilleure coopération entre les différents acteurs de l'éducation chrétienne.

4. Les défis contemporains des établissements confessionnels

Bien que les établissements confessionnels jouent un rôle fondamental dans la promotion de la foi, ils sont confrontés à plusieurs défis dans le contexte moderne.

La sécularisation et la montée du pluralisme religieux

La sécularisation croissante et le pluralisme religieux représentent des défis majeurs pour les écoles chrétiennes. La laïcité impose une séparation stricte entre l'État et la religion, ce qui peut limiter les possibilités d'expression religieuse au sein de l'école. De plus, le pluralisme religieux croissant dans les sociétés contemporaines exige que les écoles confessionnelles adoptent des approches inclusives tout en préservant leur identité chrétienne.

La résistance au modèle éducatif chrétien

Dans certains contextes, les écoles chrétiennes rencontrent des résistances, en particulier de la part de parents ou de groupes communautaires qui considèrent l'éducation chrétienne comme une tentative d'imposer des valeurs religieuses. Ces résistances peuvent se manifester sous forme de protestations contre l'organisation d'activités religieuses ou contre l'inclusion de certains enseignements bibliques dans le programme scolaire.

Conclusion

Le rôle des établissements confessionnels dans la promotion de la foi chrétienne est crucial et s'étend bien au-delà de la simple transmission de connaissances académiques. Ces écoles sont des espaces où les élèves sont formés à devenir des individus moralement responsables, ancrés dans des valeurs chrétiennes solides. Malgré les défis auxquels elles font face, les écoles confessionnelles continuent de jouer un rôle essentiel dans la formation des générations futures, en contribuant à la construction d'une société plus juste, plus solidaire et plus pacifique. Leur mission, bien qu'en constante évolution, demeure fondamentale pour l'épanouissement spirituel et moral des élèves, et pour la promotion de la foi chrétienne dans un monde de plus en plus séculier.

Chapitre 5 : Outils pratiques pour les enseignants et éducateurs

L'intégration des valeurs chrétiennes dans l'éducation n'est pas une tâche facile, surtout dans le contexte de l'enseignement laïc où les principes religieux sont souvent perçus comme distincts des objectifs éducatifs. Cependant, il est essentiel pour les enseignants et éducateurs d'outiller leurs pratiques pour inculquer ces valeurs tout en respectant la pluralité des croyances et l'égalité des chances pour tous les élèves. Ce chapitre présente des outils pratiques et des stratégies pour aider les enseignants à intégrer les valeurs chrétiennes dans leur pédagogie tout en préservant un climat respectueux et inclusif.

1. Intégration des valeurs chrétiennes dans les matières scolaires

L'intégration des valeurs chrétiennes dans le programme scolaire est un moyen efficace de relier l'enseignement académique et spirituel. Ce processus nécessite une approche subtile, où les valeurs chrétiennes sont abordées non seulement dans les matières religieuses, mais aussi dans les autres disciplines.

Français : Étudier des œuvres littéraires chrétiennes

Les œuvres littéraires chrétiennes offrent une riche source d'enseignement des valeurs chrétiennes à travers des récits bibliques, des poèmes et des romans qui mettent en lumière la moralité, le sacrifice, le pardon et l'amour. Par exemple, dans les cours de littérature française, les enseignants peuvent utiliser des textes tels que Les Misérables de Victor Hugo, qui illustre de manière poignante les principes de miséricorde et de rédemption chrétiennes. L'enseignant peut guider les élèves à travers les passages où Jean Valjean, après sa rencontre avec l'évêque, incarne le pardon et la transformation personnelle.

Dans les classes de français, les enseignants peuvent également encourager les élèves à écrire des récits ou des poèmes qui explorent des thèmes bibliques comme la rédemption, le pardon ou la solidarité. Cela permet d'ancrer les valeurs chrétiennes tout en développant les compétences linguistiques des élèves.

Histoire : Souligner l'impact de la foi chrétienne sur l'évolution des civilisations

En histoire, il est crucial de ne pas se limiter à une analyse des événements politiques ou sociaux sans prendre en compte l'influence de la foi chrétienne. Les événements majeurs comme la chute de l'Empire romain, les croisades, ou encore l'abolition de l'esclavage peuvent être étudiés sous l'angle de l'impact de la foi chrétienne. L'exemple de l'abolition de l'esclavage, largement soutenue par les

Églises, démontre comment les principes chrétiens de dignité humaine et de liberté ont contribué à des réformes sociales profondes.

Les enseignants peuvent aussi encourager les élèves à réfléchir sur les fondements chrétiens de certaines valeurs sociales, telles que l'égalité et la justice, en analysant les textes sacrés et en mettant en perspective les grands moments de l'histoire chrétienne.

Arts : Créer autour des thèmes de la foi et de la spiritualité

L'éducation artistique est un excellent moyen d'explorer les valeurs chrétiennes tout en stimulant la créativité des élèves. Les enseignants peuvent organiser des projets autour de thèmes bibliques tels que la création, la résurrection, ou la vie des saints. Par exemple, les élèves peuvent créer des peintures ou des sculptures représentant des scènes bibliques, ou écrire des chansons et des poèmes inspirés par des passages de la Bible.

Les enseignants peuvent également inviter des artistes locaux ou des membres de l'Église à partager leur parcours et leur relation avec la foi à travers l'art, donnant ainsi aux élèves un aperçu vivant de la manière dont la foi chrétienne peut se manifester dans la culture.

2. Guide pour organiser des activités spirituelles

Au-delà des matières scolaires, il est crucial d'offrir aux élèves des opportunités de grandir spirituellement. Les activités spirituelles, qu'elles soient formelles ou informelles, jouent un rôle clé dans la formation des élèves en tant qu'individus équilibrés, empreints de valeurs chrétiennes. Ces activités ne doivent pas nécessairement être perçues comme imposées, mais plutôt comme des occasions de renforcer la communauté scolaire et d'approfondir la foi.

Retraites éducatives basées sur des principes bibliques

Les retraites spirituelles sont un moyen puissant d'aider les élèves à se reconnecter à leur foi. Ces retraites peuvent être organisées pendant les vacances scolaires ou à des moments stratégiques de l'année. Une retraite spirituelle chrétienne peut comprendre des moments de prière, de méditation, des enseignements sur la foi chrétienne, et des témoignages inspirants. Une telle activité peut favoriser la réflexion personnelle des élèves sur des thèmes bibliques et renforcer leur engagement envers des valeurs chrétiennes comme la charité, l'amour et le respect de soi.

Par exemple, une retraite centrée sur le Sermon sur la Montagne (Matthieu 5-7) permettrait aux élèves de discuter des valeurs de la miséricorde, de la paix et de la justice dans le cadre de leur vie quotidienne. Cela permet de traduire les enseignements bibliques en actions concrètes.

Sessions de méditation ou de prière facultatives

Les sessions de prière ou de méditation permettent aux élèves de vivre une expérience personnelle de connexion avec Dieu. Ces moments peuvent être facultatifs, mais encourager les élèves à y participer leur offre la possibilité d'approfondir leur vie spirituelle. Les enseignants peuvent diriger des moments de prière en classe, ou organiser des groupes de prière après les heures de cours. Les prières peuvent porter sur des thèmes liés à la vie quotidienne des élèves, comme la paix intérieure, la gratitude ou la demande de force pour surmonter des défis.

3. Ressources pour approfondir les valeurs chrétiennes
Pour que les enseignants puissent enseigner de manière effective les valeurs chrétiennes, il est essentiel qu'ils aient accès à des ressources appropriées. Voici quelques exemples d'outils que les enseignants peuvent utiliser :

Livres et manuels éducatifs

Les manuels d'éducation chrétienne, comme ceux publiés par des maisons d'édition chrétiennes, peuvent fournir un cadre théorique et pratique pour l'intégration des valeurs chrétiennes dans les cours. Ces manuels présentent souvent des histoires bibliques, des réflexions spirituelles et des exercices pour aider les élèves à réfléchir sur leur foi et à appliquer les enseignements bibliques dans leur vie.

Sites web et plateformes éducatives chrétiennes

De plus en plus de plateformes éducatives chrétiennes en ligne offrent des ressources gratuites ou payantes pour les enseignants. Ces sites proposent des vidéos, des articles, des podcasts et des études bibliques adaptées aux jeunes, permettant aux enseignants de trouver des outils interactifs et engageants pour compléter leurs cours.

Un exemple est le site BibleProject (www.bibleproject.com), qui propose des vidéos animées expliquant des concepts bibliques clés et des études de livres bibliques, ce qui peut être un excellent complément à l'enseignement dans les écoles chrétiennes.

Films et documentaires sur la foi chrétienne

Les films et documentaires basés sur des événements ou des personnages historiques chrétiens peuvent servir de supports puissants pour discuter des valeurs chrétiennes. Par exemple, des films comme Le Passion du Christ de Mel Gibson ou Les Misérables peuvent être utilisés dans les cours de littérature ou de philosophie pour illustrer des thèmes comme le sacrifice, la rédemption et l'amour.

4. Collaboration avec les familles et les communautés chrétiennes

L'intégration des valeurs chrétiennes dans l'éducation ne peut être complète sans une coopération étroite entre les écoles, les familles et les communautés chrétiennes. Les parents jouent un rôle crucial en soutenant l'enseignement des valeurs chrétiennes à la maison et en collaborant avec les enseignants.

Sensibilisation des parents à l'importance de l'éducation chrétienne

Les enseignants peuvent organiser des réunions régulières avec les parents pour discuter de l'importance de l'intégration des valeurs chrétiennes dans l'éducation. Ces réunions peuvent également servir à partager des ressources et des conseils pratiques pour aider les parents à appliquer ces valeurs à la maison.

Collaboration avec les églises locales

Les écoles peuvent également tisser des partenariats avec les églises locales pour offrir aux élèves des opportunités d'engagement spirituel. Cela pourrait inclure des visites à l'église, des événements communautaires, ou des projets de service chrétien. L'engagement actif dans la communauté chrétienne renforce les liens entre l'église, l'école et la famille.

Conclusion

L'intégration des valeurs chrétiennes dans l'éducation nécessite une approche pratique et stratégique, utilisant des outils pédagogiques adaptés à chaque contexte scolaire. Les enseignants et éducateurs, armés de ressources appropriées et soutenus par une collaboration étroite avec les familles et les communautés chrétiennes, peuvent jouer un rôle clé dans la formation de jeunes générations respectueuses des valeurs chrétiennes. En créant des espaces de réflexion spirituelle, en intégrant les principes chrétiens dans les matières académiques, et en favorisant des partenariats solides avec les familles et les églises, les enseignants peuvent contribuer à bâtir une éducation holistique qui prépare les élèves à devenir des citoyens responsables, éthiques et profondément ancrés dans leur foi chrétienne.

Conclusion Générale

L'éducation ne se limite pas à la simple transmission de connaissances académiques ; elle est avant tout une mission de formation intégrale de l'être humain, touchant aussi bien son intelligence que son cœur et son caractère. Dans un monde marqué par la montée de la violence, la crise des valeurs et la perte de repères moraux, il devient urgent de repenser le rôle des écoles dans la transmission d'un héritage éthique et spirituel. Ce guide a exploré en profondeur la nécessité d'intégrer les valeurs chrétiennes dans l'enseignement, tout en respectant le cadre laïc et la diversité des croyances.

Les défis sont nombreux. L'intégration des valeurs chrétiennes dans l'éducation se heurte à des résistances culturelles, des préjugés et des limites juridiques qui rendent parfois complexe leur application. Pourtant, l'histoire de l'éducation montre que les écoles qui ont su s'appuyer sur une vision éthique forte ont contribué à former des générations de citoyens responsables. Nelson Mandela déclarait que *« L'éducation est l'arme la plus puissante que l'on puisse utiliser pour changer le monde. »* Mais encore faut-il que cette éducation repose sur des principes qui garantissent un changement positif et durable.

Dans cette perspective, nous avons analysé différentes stratégies permettant d'intégrer ces valeurs de manière équilibrée et inclusive. Il ne s'agit pas d'imposer une doctrine religieuse, mais de promouvoir des principes universels inspirés du christianisme, tels que l'amour du prochain, la justice, la responsabilité et la bienveillance. À travers des modèles de leadership éducatif chrétien, des activités pédagogiques inspirées par ces valeurs et des projets communautaires engageants, nous avons mis en avant des solutions concrètes pour favoriser une éducation enracinée dans l'éthique.

L'expérience des établissements confessionnels démontre qu'il est possible d'allier excellence académique et formation morale, en mettant en place une pédagogie qui dépasse l'acquisition des savoirs pour inclure la construction du caractère. Jean-Jacques Rousseau, dans Émile ou De l'éducation, soulignait déjà l'importance d'une éducation qui ne se limite pas à l'instruction, mais qui forge des individus capables de discernement et de responsabilité. Dans ce sens, l'école ne peut pas être un simple lieu de transmission de savoirs, elle doit aussi être un espace de construction de l'être, où les élèves apprennent à donner du sens à leur vie et à leur engagement envers les autres.

Sur le plan biblique, les Écritures insistent sur l'importance de la formation morale dès le plus jeune âge. Proverbes 22:6 nous enseigne : *« Instruis l'enfant selon la voie qu'il doit suivre ; et quand il sera vieux, il ne s'en détournera pas. »* Cette sagesse millénaire rappelle la responsabilité des éducateurs dans l'orientation des jeunes esprits vers des choix justes et éclairés. Il ne s'agit pas seulement de leur apprendre à réussir professionnellement, mais aussi de leur permettre de devenir des citoyens intègres, capables de contribuer positivement à leur société.

L'éducation est donc un engagement collectif qui dépasse le cadre scolaire. Les parents, premiers éducateurs, ont un rôle essentiel à jouer dans la transmission des valeurs. Les enseignants, quelle que soit leur discipline, peuvent intégrer dans leur approche pédagogique des principes éthiques favorisant l'empathie et le respect. Les chefs d'établissements et les décideurs éducatifs doivent encourager des initiatives qui placent la formation morale au cœur du projet éducatif. Les communautés religieuses et les organisations chrétiennes, quant à elles, peuvent accompagner cette dynamique en proposant des ressources et des programmes de soutien adaptés aux réalités éducatives actuelles.

Dans un monde où l'individualisme, le relativisme moral et la recherche du succès matériel dominent souvent les priorités éducatives, il est temps de réaffirmer l'importance d'une formation basée sur des valeurs solides. L'intégration des principes chrétiens dans l'éducation ne signifie pas un repli identitaire ou une opposition au cadre laïc, mais au contraire une contribution précieuse à la construction d'une société plus juste et harmonieuse.

Comme le dit Matthieu 5:16 : *« Que votre lumière luise ainsi devant les hommes, afin qu'ils voient vos bonnes œuvres, et qu'ils glorifient votre Père qui est dans les cieux. »* Ce guide se veut une invitation à faire rayonner cette lumière dans le domaine de l'éducation. Il appartient désormais à chaque lecteur de s'approprier ces réflexions, de les adapter à son contexte et d'agir pour une école qui ne se contente pas d'enseigner, mais qui transforme les vies.

Une éducation sans valeurs est une maison bâtie sur le sable. À nous d'élever une école où savoir et sagesse, foi et humanité, éthique et excellence se rejoignent pour former les bâtisseurs du monde de demain. Que ce travail inspire des initiatives concrètes et contribue à la formation d'une génération de citoyens éclairés, éthiques et ancrés dans des valeurs porteuses de sens.

Annexes : Compléments et ressources pratiques

Les annexes suivantes fournissent des ressources complémentaires pour aider les enseignants, les responsables éducatifs, et les parents à intégrer les valeurs chrétiennes dans l'éducation. Elles proposent des modèles de projets, des citations bibliques, ainsi que des témoignages inspirants qui illustrent le potentiel de l'éducation chrétienne.

1. Modèles de projets éducatifs inspirés par la foi chrétienne

Voici quelques idées de projets éducatifs que les enseignants peuvent adapter en fonction des besoins de leurs élèves et du contexte de l'école. Ces projets visent à promouvoir les valeurs chrétiennes tout en enrichissant l'expérience éducative.

a) Projet de service communautaire : "Agir avec foi"

Objectif : Encourager les élèves à s'engager dans des activités de service communautaire pour mettre en pratique les principes chrétiens de solidarité, de charité et de justice sociale.

Exemple d'activité : Organiser une collecte de fonds pour soutenir une œuvre chrétienne (orphelinat, centre d'accueil pour personnes âgées, etc.) ou organiser des journées de bénévolat (nettoyage des rues, aide aux personnes en difficulté).

Méthodologie : Encourager les élèves à planifier le projet, à y participer activement et à réfléchir sur l'impact de leur action dans la communauté.

b) Projet artistique : "La Création en poésie et en art"

Objectif : Utiliser la poésie et l'art pour célébrer la création de Dieu et inviter les élèves à une réflexion spirituelle sur leur place dans le monde.

Exemple d'activité : Organiser un concours de poésie ou une exposition artistique sur le thème de la création divine, en explorant des passages bibliques comme le Psaume 104 ou le livre de la Genèse.

Méthodologie : Encourager les élèves à écrire des poèmes ou à créer des œuvres d'art représentant la beauté de la nature et leur relation avec Dieu, en s'inspirant des principes bibliques.

c) Projet de développement de la paix : "Semer la paix"

Objectif : Promouvoir des valeurs chrétiennes de paix, de réconciliation et de non-violence parmi les jeunes.

Exemple d'activité : Organiser des ateliers de médiation, des discussions en classe sur la résolution de conflits, et des activités inter-écoles qui favorisent le dialogue entre élèves de différentes cultures ou religions.

Méthodologie : Encourager les élèves à identifier les causes de conflits dans leur propre vie, à discuter des moyens pacifiques de les résoudre, et à s'engager activement dans la promotion de la paix autour d'eux.

2. Citations bibliques clés pour chaque thème éducatif

Voici une sélection de versets bibliques qui peuvent être utilisés pour illustrer les valeurs chrétiennes dans l'éducation. Ces citations peuvent être partagées avec les élèves pour approfondir leur réflexion sur des thèmes spécifiques.

a) Valeurs chrétiennes fondamentales

Amour et respect : "Tu aimeras ton prochain comme toi-même" (Matthieu 22:39).

Honnêteté et intégrité : "Le juste marche dans son intégrité" (Proverbes 20:7).

Justice et équité : "Applique la justice, fais ce qui est droit" (Ésaïe 56:1).

b) Responsabilité et service

Servir les autres : "Quiconque veut être grand parmi vous, qu'il soit votre serviteur" (Matthieu 20:26).

Responsabilité personnelle : "Chacun rendra compte à Dieu de soi-même" (Romains 14:12).

c) Espoir et persévérance

Espérance en Dieu : "J'ai l'espérance en Dieu, qui veut que tous les hommes soient sauvés" (1 Timothée 2:4).

Persévérer dans la foi : "Ne vous lassez pas de faire le bien" (Galates 6:9).

3. Témoignages inspirants d'enseignants et d'élèves ayant bénéficié de l'éducation chrétienne

Les témoignages suivants illustrent les effets positifs de l'éducation chrétienne, que ce soit dans la vie des élèves, des enseignants ou des communautés éducatives.

a) Témoignage de M. Paul, enseignant d'histoire

"Lorsque j'ai commencé à intégrer des valeurs chrétiennes dans mon enseignement, j'ai vu un changement positif dans le comportement de mes élèves. Par exemple, en abordant l'histoire de l'abolition de l'esclavage, j'ai pu lier les actions des héros historiques à des principes bibliques de liberté et de dignité humaine. Les élèves se sont montrés plus engagés et ont commencé à réfléchir sur la manière de vivre ces valeurs dans leur quotidien."

b) Témoignage de Marie, élève de terminale

"Grâce aux enseignements basés sur la foi chrétienne que j'ai reçus tout au long de mon parcours scolaire, j'ai appris à vivre selon des valeurs de respect, d'honnêteté et de service. Ces valeurs m'ont aidée à surmonter des défis personnels, notamment dans mes relations avec mes camarades. Aujourd'hui, je m'efforce d'appliquer les principes chrétiens dans ma vie, en particulier dans la gestion de mes études et de mes relations."

c) Témoignage d'un directeur d'école chrétienne

"L'une des choses les plus gratifiantes que j'ai observées en tant que directeur d'une école chrétienne est l'impact profond que l'éducation chrétienne peut avoir sur le comportement des élèves. L'engagement envers des valeurs telles que la patience, le respect et l'honnêteté est palpable parmi nos élèves. Ils ne se contentent pas d'apprendre, mais ils cherchent activement à vivre selon ces principes dans leur vie quotidienne."

4. Liste de ressources recommandées

Pour approfondir l'intégration des valeurs chrétiennes dans l'éducation, voici quelques ressources pratiques pour les enseignants, parents et éducateurs :

Livres :

L'éducation chrétienne de John Calvin

Les principes de l'éducation chrétienne de Charlotte Mason

Enseigner et apprendre avec Dieu de R. C. Sproul

Sites web et plateformes éducatives :

BibleProject (https://bibleproject.com)

Christian Educators Association International (https://ceai.org)

Edutopia – Faith and Learning (https://www.edutopia.org)

Films et documentaires :

The Case for Christ (2017)

God's Not Dead (2014)

The Chronicles of Narnia (film inspiré de l'œuvre chrétienne de C.S. Lewis)

Récits inspirants de figures historiques et bibliques

1. Martin Luther et la réforme de l'éducation

Martin Luther (1483-1546), figure majeure de la Réforme protestante, considérait l'éducation comme un levier fondamental pour la transformation de la société. Il prônait une instruction accessible à tous, y compris aux filles, ce qui était révolutionnaire pour son époque. Selon lui, l'école devait non seulement transmettre des connaissances, mais aussi former des citoyens dotés de valeurs chrétiennes solides.

Dans une de ses lettres, Luther écrivait :

"Quand les écoles prospèrent, tout prospère."

Il insistait sur l'importance de la Bible comme fondement de l'apprentissage et estimait que l'ignorance favorisait la corruption morale. Son combat a conduit à la création d'écoles publiques et à l'intégration de l'étude de la Bible dans les cursus scolaires.

Lien avec le guide : L'exemple de Luther montre que la foi et l'éducation peuvent coexister et s'enrichir mutuellement. Son approche peut inspirer les enseignants désireux d'intégrer des valeurs chrétiennes dans leurs pratiques pédagogiques

2. Nelson Mandela : "L'éducation est l'arme la plus puissante"

Nelson Mandela (1918-2013) croyait profondément en l'éducation comme outil de transformation sociale. Lui-même, malgré les injustices de l'apartheid, a puisé sa force dans la lecture et l'apprentissage.

Dans son célèbre discours, il déclarait :

"L'éducation est l'arme la plus puissante que l'on puisse utiliser pour changer le monde."

Bien que Mandela ne soit pas directement lié à l'éducation chrétienne, il prônait des valeurs fondamentales comme la justice, l'égalité et la paix, qui trouvent un écho profond dans la foi chrétienne. Son engagement montre que la transmission de valeurs est essentielle pour bâtir une société plus juste.

Lien avec le guide : L'exemple de Mandela illustre l'importance d'une éducation qui va au-delà des savoirs académiques pour façonner des individus capables de changer leur environnement. Les écoles chrétiennes peuvent s'inspirer de son combat en intégrant des enseignements sur la paix et la réconciliation.

3. Jean-Jacques Rousseau et l'éducation morale

Dans Émile ou De l'éducation (1762), Jean-Jacques Rousseau (1712-1778) défend l'idée que l'éducation doit être centrée sur l'enfant et viser à développer son autonomie morale. Pour lui, un bon éducateur ne doit pas imposer un savoir figé, mais aider l'enfant à construire sa propre réflexion morale et spirituelle.

Il écrivait :

"L'homme est bon par nature, c'est la société qui le corrompt."

Bien que sa vision soit parfois en tension avec l'éducation chrétienne, elle rejoint l'idée que l'école ne doit pas se limiter à transmettre des connaissances, mais aussi forger des citoyens responsables et éthiques.

Lien avec le guide : L'approche de Rousseau peut aider les éducateurs chrétiens à réfléchir sur la manière d'inculquer les valeurs sans tomber dans l'endoctrinement.

4. Jésus et l'enseignement par les paraboles

Jésus-Christ est sans doute le plus grand éducateur de l'histoire. Il enseignait non pas à travers des théories abstraites, mais en racontant des histoires accessibles à tous : les paraboles. Celles-ci permettaient à ses auditeurs de comprendre les principes du Royaume de Dieu à travers des exemples concrets et parlants.

Par exemple, la parabole du Bon Samaritain (Luc 10:25-37) illustre la valeur de l'amour du prochain et de la solidarité. Cette approche pédagogique basée sur des récits interactifs et des questionnements encourage la réflexion personnelle et l'engagement moral.

Lien avec le guide : Inspirer les enseignants à utiliser des récits et des mises en situation pour transmettre les valeurs chrétiennes aux élèves.

5. L'abbé Pierre et l'éducation des plus démunis

L'abbé Pierre (1912-2007), fondateur du mouvement Emmaüs, a consacré sa vie aux personnes les plus défavorisées. Pour lui, l'éducation et la dignité humaine allaient de pair. Il refusait l'idée que la pauvreté devait être un obstacle à l'apprentissage et militait pour une éducation accessible à tous.

Il disait :

"Un sourire coûte moins cher que l'électricité, mais donne autant de lumière."

Son action a permis à de nombreux jeunes en difficulté de retrouver une place dans la société à travers des programmes éducatifs et professionnels.

Lien avec le guide : Montrer que l'éducation chrétienne ne se limite pas aux salles de classe, mais doit aussi s'engager dans l'inclusion sociale et la lutte contre l'exclusion.

Références

- Stanley, Brian. The History of the Christian Church in Africa. Cambridge University Press, 2018.
- MacCulloch, Diarmaid. Christianity: The First Three Thousand Years. Viking, 2011.
- Willaime, Jean-Paul. La religion dans l'éducation : un enjeu mondial. PUF, 2007.
- BibleProject. www.bibleproject.com.
- Hébrard, M.-H. (2012). Bible et éducation. Éditions du Cerf.
- Meirieu, P. (1991). L'École et les valeurs. ESF éditeur.
- Greenleaf, R. K. (1977). Servant Leadership: A Journey into the Nature of Legitimate Power and Greatness. Paulist Press.
- Barrett, D., & Jenkins, M. (2010). Youth Leadership in Faith. HarperCollins.
- Malraux, A. (1947). L'éducation par l'art. Gallimard.
- Bronfenbrenner, U. (1979). The Ecology of Human Development. Harvard University Press.
- Greenleaf, R. K. (1977). Servant Leadership: A Journey into the Nature of Legitimate Power and Greatness. Paulist Press.
- Blanchard, K., & Hodges, P. (2005). Lead Like Jesus: Lessons from the Greatest Leadership Role Model of All Time. Thomas Nelson.
- Easum, W., & Easum, T. (2009). Raising a Modern-Day Joseph: A Timeless Strategy for Growing Great Kids. Zondervan.
- Maxwell, J. C. (1998). The 21 Irrefutable Laws of Leadership: Follow Them and People Will Follow You. Thomas Nelson.
- Smith, J. K. A. (2009). Desiring the Kingdom: Worship, Worldview, and Cultural Formation. Baker Académic.
- Smith, J. K. A. (2009). Desiring the Kingdom: Worship, Worldview, and Cultural Formation. Baker Academic.
- Freire, P. (1970). Pédagogie des opprimés. Paris : Maspero.
- Maritain, J. (1956). La dimension chrétienne de l'éducation. Paris : Desclée de Brouwer.
- Comte-Sponville, A. (2006). Petit traité des grandes vertus. Paris : PUF.
- Piaget, J. (1972). La construction du réel chez l'enfant. Paris : Delachaux et Niestlé.

- King Jr., M. L. (1963). Lettre d'une prison de Birmingham. New York : Harper & Row.
- UNESCO (2013). L'éducation face aux violences scolaires. Paris : UNESCO.
- John Locke - Lettre sur la tolérance (1689).

Ce texte aborde la séparation entre l'Église et l'État et la coexistence des croyances dans une société pluraliste.

- Charles Taylor - A Secular Age (2007).

Analyse de la laïcité et de ses impacts sur la spiritualité dans les sociétés modernes.

- Philip Zimbardo - The Lucifer Effect (2007).

Exploration des comportements humains dans l'absence de cadres moraux.

- Cheikh Anta Diop - Civilisation ou Barbarie (1981).

Importance des valeurs spirituelles dans les sociétés africaines traditionnelles.

- C.S. Lewis - Mere Christianity (1952).

Exposition des valeurs chrétiennes comme base universelle pour l'éthique et la morale.

- Paulo Freire - Pédagogie des opprimés (1968).

Vision d'une éducation comme dialogue constructif sur les valeurs.

- Robert K. Greenleaf - Servant Leadership (1970).

Introduction du concept de leadership de service, axé sur l'écoute, le service et l'humilité.

- La Bible

Matthieu 22:21 : « Rendez donc à César ce qui est à César, et à Dieu ce qui est à Dieu. »

Jean 13:14-15 : Exemple de Jésus lavant les pieds de ses disciples comme illustration du service.

Proverbes 22:6 : « Instruis l'enfant selon la voie qu'il doit suivre ; et quand il sera vieux, il ne s'en détournera pas. »

- Études récentes au Cameroun (2023).

Données sur les violences scolaires et la perte de repères moraux, issues des rapports des Ministères de l'Éducation.

- Rousseau, J.-J. (1762). Émile ou De l'éducation. Paris : Garnier Flammarion.
- Piaget, J. (1972). La construction du réel chez l'enfant. Paris : Delachaux et Niestlé.
- King Jr., M. L. (1963). Lettre d'une prison de Birmingham. New York : Harper & Row.
- Prudhomme, S. (1896). Stances et poèmes. Paris : Librairie Garnier Frères.
- Willaime, Jean-Paul. La religion dans l'éducation : un enjeu mondial. PUF, 2007.
- Shorter, Aylward. African Culture and the Christian Church. Geoffrey Chapman, 1973.
- Mbiti, John. African Religions and Philosophy. Heinemann, 1969.
- Ricoeur, Paul. Soi-même comme un autre. Seuil, 1990.
- Feuzeu François, Les violences en milieu scolaire au Cameroun : regard croisé sur un fléau aux conséquences dramatiques, International Multilingual Journal of Science and Technology (IMJST), Vol.5 Issue 12, December-2020.

Biographie

DONGMO VOFFO Alexis (ALVODO) est un éducateur passionné, engagé dans la transmission des valeurs à travers l'enseignement et la formation des jeunes. Ayant reçu une formation en Sociologie et dans les sciences de l'éducation, il occupe depuis 2021 le poste de Directeur des études au Collège Institut Bilingue d'Etoudi, où il allie excellence académique et éducation aux valeurs.

Leader serviteur de l'Académie Team 21, il croit en une éducation qui façonne non seulement l'intelligence, mais aussi le caractère et la foi. Il est également actif dans plusieurs Mouvement chrétiens et spirituels, notamment Secrétaire général du MECMY (Mouvement d'Evangélisation des Chrétiens ressortissants Menoua de Yaoundé).

À travers ce guide, il souhaite donner aux enseignants et éducateurs des outils concrets pour réconcilier foi chrétienne et éducation, et ainsi former une génération de jeunes porteurs de valeurs et d'espoir.

MIX
Papier aus verantwortungsvollen Quellen
Paper from responsible sources
FSC® C105338

Printed by Books on Demand GmbH, Norderstedt / Germany